ediciones carena

FELIX VIÑAS ROBAYNA

EL POEMA ES EL MAR

Primera edición: mayo de 2024

© Felix Viñas Robayna, 2024

© Ediciones Carena, 2024

Ediciones Carena
c/Alpens, 31-33
08014 Barcelona
T. 934 310 283
info@edicionescarena.com
WWW.EDICIONESCARENA.COM

Diseño de la cubierta: Ivette Guedella Reyes
Imagen de la cubierta: Felix Viñas Robayna
Maquetación: Kaicy Orellana

Depósito legal B 10137-2024
ISBN 978-84-19890-72-6

Impreso en España - Printed in Spain

A mi padre y a mi madre y a los enamorados
que buscan en el tiempo la eternidad.

"Luz de la Poesía, este es el tiempo para despertar"

EL AUTOR

ESCRIBIR PARA MÍ

Escribir para mí es como ver el mar en una habitación
Escribir para mí es como ver la tinta de los pulpos del mar
Escribir para mí es llenar de luz las ventanas del sueño
Escribir para mí es llenar con luz las ventanas del mar

Escribir para mí es mirar desde las estrellas el mar
Escribir para mí es mirar el mar en las estrellas
Y ver las estrellas en el mar

Escribir para mí es hablar y soñar con las ballenas del mar
Y con sus cánticos llegar hasta las estrellas
Que se reflejan en el mar

Escribir para mí es llenar de ambrosía
Las ventanas del sueño y sus cavidades
Y ver el mar lleno de sueño
Y lleno de sueño el mar

Escribir para mí es ver la luz en los granos de arena
Y calcular el mensaje instantáneo de su visión

Escribir para mí es observar toda la Tierra
Y ver la suavidad del vuelo de la abeja
Suspendida sobre la flor

Escribir para mí es rodear la Tierra
Y ver el equilibrio en todas partes

Escribir para mí es regresar al mar original
    [y ver en sus profundidades
La solución de todos los tiempos y de este tiempo
Escribir pata mí es encontrar la solución tuya y la mía
Prendidas de la boca del tiempo
Ver la boca del tiempo es escribir para mí

Escribir para mí es retornar a la caracola
En la que se oye en su concha el mar
Y en sus espirales ver la forma de las galaxias
Escribir para mí es ser en la presencia de lo que ha sido
Como luz en las olas del mar

Escribir para mí es contemplar la célula del mismo mar
Y recordar a todos los seres por ella

Escribir para mí es ver la sincronía de todos los relojes
Y en su afinación volver a recordar la melodía universal

El mar, el mar, el mar es escribir para mí

Escribir para mí es suceder en el vuelo de las aves, de los insectos
En el aire del batir que producen sus alas
Sincronía, impulso de su vuelo
Y en él atestiguar su tiempo indescriptible

Escribir para mí es acordarse del campo de los sueños
Y desde él dar respuesta y recordar los sueños de la humanidad

Escribir para mí es despertar de muchas maneras
Con el mensaje del sueño
Sabiendo que ella está a mi lado

Escribir para mí, es la razón de su geometría
    [en el sueño de una rana
Escribir para mí es el sueño de una rana

Escribir para mí, es ver la luz entre las nubes
Y observar sus cambios
Como si fueran la diadema
De las olas del mar
Que son las palabras del mar desde la superficie

Escribir para mí es recordar el verso inaccesible y revelado
En la forma de las frutas
En su color, en sus semillas
Y ver cómo el árbol les da a luz

Escribir para mí es recordar el árbol
Y ver en él el destino
¿Cómo es el recitar del árbol?
Mira el recitar del árbol
Erguido ante las estrellas
Tan cerca del mar

Escribir para mí es divisar el bosque
Y soñar su sueño sostenido
Sus notas apacibles
Y adentrarse en él
Para encontrar el lago y el pez
Que también viene del mar

Escribir para mí es confluir con los ríos que se comunican
Con las nubes que vienen del mar
Que son pensamientos del mar

Escribir para mí es bailar
Dando vueltas como los astros
Las palabras del universo son los astros
Los astros son las palabras del universo
Cuando el universo sueña
Sueña el ser humano
Cuando el ser humano sueña
Sueña el universo
Ambos se responden en sueños

¿Qué susurró esa estrella visible para nosotros
Con su presencia sobre el mar?

Escribir para mí es vestirse con los sueños
E hilvanar con ellos la historia
Recuerdo del mar

Escribir para mí es recordar
Cómo se sostiene la mariposa en el aire
Cómo la suavidad de sus dibujos no tienen prisa

Escribir para mí es volver al origen
Justo antes de que la lluvia se precipite al mar
Y se origine el sueño
Cuando el universo te espera para verlo nacer
Así los seres te esperan y nacen en el mar
El mar lleno de seres es escribir para mí

Escribir para mí es encontrar la flor
Y en la flor su dibujo, su textura, su olor
Palabras de su idioma
La flor del mar es su sueño
Su sueño es el mar

Escribir para mí es encontrar la secuencia dentro del sueño
El sueño es el mar
Escribir para mí es el mar
Escribir para mí es recordar su presencia
Su sueño es el mar

DENTRO DEL TIEMPO HAY UN RECURSO

Dentro del tiempo hay un recurso
Un recurso por el espacio de tiempo
Tiempo para el recurso
Recurso para el tiempo

Llegar a Ti, tiempo en Tu recurso
Llegar a Ti, recurso en el tiempo

El recurso es llevar al tiempo la llama
Prendida del Sol Eterno

Todos deberíamos recordarlo
Todos juntos
Los Ángeles del cielo

Llevar la llama al Sol
Y el Sol a la llama
La llama del Sol
El Sol de la llama

Oigo el repicar de las campanas de luz del tiempo
En las campanas de luz del tiempo hay un recurso
Su melodía nos despierta
Y nos revela el sueño del Sol

El Sol nos llama
Nos llama el Sol

Las palabras, llamas del tiempo
Las llamas del tiempo en el Sol

Los Ángeles se alegran
¡Hemos llegado!
¡Hemos llegado del sueño
Y hemos despertado!
¡Hemos anunciado en las estrellas
Que hemos despertado!
¡El Sol nos ha llamado!

EN EL AMANECER SE ENCUENTRAN
LOS AMANTES

Las palabras nos llaman de todas partes
Esperamos el amanecer
Y el amanecer nos espera
En el amanecer se encuentran los amantes

El sueño y el día
El día y el sueño
El sueño lleno de día
Y el día lleno de sueños

Donde allana la morada
La morada allana Tu tránsito
Desde el sueño al día
Del día al sueño
El sueño en el día
El día en el sueño

Hay un mensaje para ser escuchado
Al amanecer donde se encuentran los amantes

Recuerdan a la luz del día el sueño
Y el sueño lleno de la luz del día
El sueño y el día son los amantes

EN LA CÁSCARA DEL TIEMPO

En la cáscara del tiempo hay una acción
Hay una acción en la cáscara del tiempo

Una semilla crece en la cáscara del tiempo
En la cascara del tiempo crece una semilla

Insondable semilla para ser tiempo
Tiempo que es la insondable semilla

Y nos encontramos en el tiempo
Para hacernos de tiempo
Y el tiempo para hacerse de nosotros
Juntos en el tiempo

¿Cuál es la edad del tiempo
Cuando se encuentran dos niños y juegan?
¿Cuál es el vuelo de la oca celeste?
El universo no puede recordar su edad cuando dos niños juegan

EL POEMA MATEMÁTICO

Quisiera escribir el poema matemático
Y recordar así la deidad de los números
Practicar la trigonometría de los versos endecasílabos
El álgebra de los enamorados
Las derivadas de la risa de los niños y de los Ángeles
Las raíces cuadradas del Árbol de la Vida

Quisiera explicar la tirada de los dados
Pero en el poema no hay nada azaroso
En el universo no hay nada que quede sin cálculo
¿O es que el azar no tiene también su secuencia?

Quisiera escribir el poema matemático
Buscar las fórmulas del tiempo
Explicar así la llamada del poema
Encontrar el número magnífico que explica el mañana

Quisiera escribir el poema matemático
Mostrar las ecuaciones de la verdad revelada
Despejar la incógnita antes del verso

Quisiera escribir el poema matemático
Llevar el número sagrado al poema
Para que te guíe con su ejemplo exacto
Con su imagen geométrica
¡Sol uno, Sol uno!
Tu unidad es un ejemplo
Del poema matemático

EL POEMA DE LA MÚSICA

La música del universo llega a todas partes
Todos los planetas, todas las estrellas
Participan en la melodía universal
Las ballenas la reconocen y sonríen cantando a las estrellas
Ellas escuchan la melodía universal

El mar tiene un canción preciosa
El viento, director de orquesta, mueve las olas
Los delfines también cantan y ríen
Y nadan al compás de las olas
En la profundidad del mar los peces nadan
Majestuosamente con la tonada del mar

La música del universo llega a todas partes
La Tierra tiene su propio canto
Que escuchan todos los seres vivos

Todos los animales escuchan la canción de la cigarra
Todos los animales participan en la canción de la Tierra
La atmósfera tiene su propia música
Las aves animan el aire con su canto

Hasta los coches y electrodomésticos participan
    [en la canción de la Tierra
Con su sonora música
La música del universo acompaña a toda la creación
La música de los rayos del Sol llega hasta la Tierra
Con sus frecuencias cálidas

La música de las palabras de los enamorados es preciosa
Llena el aire con su cadencia
El poema tiene su música
Cada letra y cada palabra tienen su música
El aliento tiene su música
¡Todos participan en la canción del universo!

LA OBRA DE ARTE Y EL POEMA

Una habitación es una obra de arte
Porque en ella yo puedo leer el poema
El edificio donde está la habitación es una obra de arte
Porque en él yo puedo leer el poema
Los adoquines de las aceras de las calles son una obra de arte
Porque cuando paso por la calle yo puedo leer el poema
Los parques son una obra de arte
Porque en ellos puedo leer el poema
Los anfiteatros abiertos son una obra de arte
Porque en ellos yo puedo leer el poema
Las motos y coches son una obra de arte
Porque en ellos yo puedo leer el poema
La carretera es una obra de arte
Porque en ella yo puedo leer el poema
La lancha acuática es una obra de arte
Porque en ella yo puedo leer el poema
El aeropuerto es una obra de arte
Porque en él yo puedo leer el poema
El avión es una obra de arte
Porque en él yo puedo leer el poema
Y cuando leo el poema te recuerdo
Y con él recuerdo la obra de arte

LOS COLORES SON MI POEMA

Naranja en la puesta del amanecer yo vi
Verde en la copa de los árboles
Marrón en el oso y en el castor
Violeta al atardecer yo vi
Negro en la pantera
Rojo en las manzanas
Amarillo en el Sol del mediodía
Dorado en los campos de trigo
Gris en las nubes de lluvia
Ocre en el barro de la tierra
Rosado en el flamenco
Blanco en la nieve y en el marfil de los elefantes
Azul del cielo

LOS TELESCOPIOS

Los telescopios observan sin cesar el firmamento
Con la misión de descubrir los objetos celestes
No dejan de fotografiar las galaxias
Divisan todo lo que ocurre en el cosmos

Los telescopios nos acercan un tiempo más grande
Nos muestran las huellas de luz de sucesos ya desaparecidos
Mientras una estrella se despide y se va
Cuando se va sigue viajando su luz

Los telescopios buscan información sobre la aparición
        [de las estrellas
Sobre la formación de galaxias y la energía cósmica
Cuando un suceso cósmico tiene lugar
Y el telescopio lo fotografía
Nos hace más clara la naturaleza del firmamento

Los telescopios sondean lugares que parecieran
        [distantes e inaccesibles
Con sus sistemas específicos detectan la misma composición
        [del espacio y de las estrellas
¡Qué descubrimientos nos traen los telescopios!
Siempre observando el magnífico esplendor del firmamento

Los telescopios aguardan una nueva expresión de la energía
¡Hay tantas manifestaciones de energía en la escenario galáctico!
Los telescopios nos enseñan la riqueza de dicha expresión
Tal es el poema de la Creación

EN MI CESTA GUARDO POEMAS
PARA REGALARTE

En mi cesta guardo poemas para regalarte
Cuando bailes de madrugada
Cuando estés dormida
Y cuando te despiertes

En mi cesta guardo poemas para regalarte
Cuando quieras tocar el acordeón
Y quieras hacer sonar la melodía del recuerdo

En mi cesta guardo poemas para regalarte
Para que recuerdes el firmamento
Y tengas casa en las estrellas

En mi cesta guardo poemas para regalarte
Cuando llegue el comienzo de la primavera
Y te preguntes qué ponerte

En mi cesta guardo poemas para regalarte
Cuando quieras tener más tiempo

En mi cesta guardo poemas para regalarte
Siempre que quieras leer un poema

EL POEMA DEL TENDIDO ELÉCTRICO

El tendido eléctrico pasa cerca de aquí
Y llega la electricidad a mi casa
El tendido eléctrico llega a todas partes
Yo quiero enviar mi poema por el tendido eléctrico
El tendido eléctrico pasa por el desierto
Mi poema pasaría por el medio del desierto

El tendido eléctrico pasa por fondo del mar
Podría mi poema atravesar los mares por el tendido eléctrico
¡Y llegar hasta la tundra!

Un día el tendido eléctrico será subterráneo
Y eso mejorará los paisajes naturales y la ciudad
Para ese día también quisiera enviar mi poema
      [por el tendido eléctrico
Porque el tendido eléctrico llega a todas partes

Y si hay rincones en el mundo
      [que no necesitan tendido eléctrico
Es porque mi poema ya está presente en ellos
Tan presente como las montañas y los valles

Mí poema se escucha en la Naturaleza
Naturaleza viva es mi poema

EL POEMA DE LAS ESTACIONES

En primavera el poema está lleno de flores
El olor de las flores está lleno de recuerdos
¡Cómo su fragancia es tan precisa!
El poema nos recuerda la imagen universal de la flor

En verano el calor sustancia el aire del poema
El verano largo casi interminable
Los días más largos tienen lugar en el verano
El Sol del verano se recuerda para siempre

En otoño las hojas caen de los árboles
El suelo del bosque lleno de hojas de los árboles es un poema
El oso pardo se prepara para la hibernación
Quiere dormir y soñar el poema del invierno

En Invierno cae la nieve en muchos lugares
El espíritu de la nieve aparece en el poema
En invierno el bosque está inmóvil
El poema invernal se recoge en invierno

EL ORO DEL MISMO SOL

En la lava hay líquenes de colores
No aparecen en un día
Hay que esperar que el tiempo prepare las rocas

Las perlas se encuentran en el interior
De las concha los moluscos
Los moluscos no están en la arena
Hay que encontrarlos en el mar o en las rocas

Los frutos de los árboles no aparecen en un día
Hay que plantar la semilla del árbol
Y esperar a que crezca y de frutos

El oro del poema tampoco apareció en un día
Mas el poema lo da como alimento del espíritu
Y el oro es visto y comprendido
El oro del mismo Sol

LOS POLOS DE LA TIERRA

¡Que en los polos siga habiendo hielo y nieve!
Para que el oso polar no tenga que nadar demasiado
Y la liebre polar siga en su madriguera de hielo

¡Que en los polos siga habiendo frío!
La Tierra regula su temperatura con el frío de los polos
¡Que en los polos siga habiendo frío!
Para que las focas polares no dejen de nadar en sus aguas gélidas

¡Que en los polos siga habiendo frío!
Para que los pingüinos sigan naciendo en su hábitat
Y las ballenas sigan visitando sus santuarios
¡Que en los polos siga habiendo frío!
¡Que el poema te haga soñar con el frío de los polos!
Quizá un día te visitará en sueños un oso polar y lo recuerdes
Recítale también a él el poema
Y si otros animales de los polos te visitaran en tus sueños
Recítales también a ellos el poema

LA VARA DE BAMBÚ

La vara de bambú es un símbolo de suerte
Me gusta la vara de bambú

Quieres hacer un puente para que crucemos
Un puente de versos y varas de bambú

En la montaña cercana hay varas de bambú
Y a mí me gusta pasear por ella

Quieres conjugar los verbos de la vida
Vida hay en la vara de bambú

Quieres hacer una balsa con varas de bambú
Y vadear el río
En la orilla del río hay una alameda con varas de bambú

La vara de bambú es un símbolo suerte
Me gusta la vara de bambú

EL POEMA DEL DESIERTO

En el desierto hay dunas que son como el mar
Las notas que suenan sin oírse se oyen en el desierto
¿Cuál es el significado de la infinidad del desierto?
¿Qué tesoros guarda bajo la arena?
Vestigios de civilizaciones ya pasadas
Duermen bajo la arena

¿Qué animales se atreven a desafiar al desierto
Que resisten el calor del día y el frío de la noche?

¿Cuántos granos de arena componen el desierto?
El viento dibuja en las dunas

¿Cómo se ven las estrellas por la noche en el desierto?
¡No hay otras luces que las estrellas plenas!
Ellas son el centro del espectáculo del desierto
El cielo inmenso lo cubre todo

¿Qué descubres cuando llegas al desierto?
¡Cómo su presencia infinita te da la bienvenida!
¿Qué se oye, qué se oye?
¡Qué versos musita el desierto!

¿Cómo despierta el desierto en su sueño?
¿Qué dicen los viajeros cuando encuentran el oasis?
Durante el día el Sol no deja de brillar en la ausencia de nubes
Los espejismos brotan de la arena imitando el agua
Que un día era un río que pasaba
En el mismo lugar donde ahora hay dunas

¿Cuál es el verbo silencioso que habita en el desierto?
¿Cómo es el discurrir trazado entre las dunas?
¿Cómo es tan plena la noche?
¿Cómo tan total el día?

¿Qué cualidad tiene el desierto?
Que el viajero despierto ensueña en sus dunas
¿Cuál es la palabra del desierto?
La inmensidad del desierto nos llama

¿CÓMO APRENDEMOS?

¿Cómo aprendemos?
¿Cómo sostenemos la descripción?
Mira con la esencia del poema
Que es la mirada de los sueños
Para mirar el mundo

El sueño te recordó la realidad
Que habita en los sueños y en la Poesía
El aprendizaje de los sueños es despertar en el mundo
Con la mirada del poema despiertas en el mundo
Con la mirada del poema traes los sueños a la Tierra

¿Cómo aprendemos una ola de mar?
¿Cómo aprendemos el zumbido de la abeja?
¿Cómo aprendemos el olor de las flores?
La poesía amplía el conocimiento de las cosas

La poesía está en el lenguaje de los niños
Que hablan sin desprenderse de los sueños
El poema mira la realidad y la transforma
Es el lenguaje de los sueños

Aprendemos a mirar cuando miramos como niños
Cuando recordamos los sueños
El aprendizaje pleno es recordar con la Poesía
Mirar la realidad con el poema
Y soñar dormido o despierto el poema

Aprendemos a mirar cuando nos da la bienvenida la Poesía
¡En la poesía vive, sé como el poema!
Viste los versos del poema
La Poesía nos da la bienvenida

LLUVIA QUE ESTÁS EN EL CIELO

Lluvia que estás en el cielo
Y caes a la Tierra
Llenas de bondad los campos
Caes sobre los mares
Y le das vida a los ríos

Lluvia que caes sobre los bosques
Y riegas las flores y los árboles
Corres por los riachuelos

Lluvia que ayudas a hacer crecer las semillas
Aumentas los embalses
Caes sobre montañas y lagos

Lluvia que limpias las calles
Dejas la humedad en el aire
Y mojas la hierba de los parques

Lluvia que llegas a tiempo
Que apareces en los días de lluvia
Y en los días de tormenta
Caes desde el cielo

EL POEMA DE LA NIEVE

La nieve tiene muchas formas
Es una imagen trascendente
Ver los copos de nieve ingrávidos
Caer desde las nubes

La nieve está llena de espíritu
El espíritu de la nieve
Que ve jugar a los niños

La nieve viste con su manto
Montañas, laderas y valles
Ríos y lagos
Glaciales
Y nos recuerda el blanco del invierno

La nieve es un poema del espíritu
¡Espíritu de la nieve!
La nieve cae en los tejados
En todas partes
Y deja una postal blanca

¡Nieve! ¡Nieve! ¡Nieve del espíritu!
Poema blanco
Nos saludas en el tiempo invernal

EL POEMA DEL TIEMPO

Un milenio cabe en un siglo:
    [En un siglo puedes recordar un milenio
Un siglo cabe en un día:
    [En un día puedes recordar un siglo
Un día cabe en una hora:
    [En una hora puedes recordar un día
Una hora cabe en un segundo:
    [En un segundo puedes recordar una hora
Un día cabe en una milésima de segundo:
    [En una milésima de segundo puedes recordar un día

El tiempo habita la memoria
El poema puede condensar
La memoria de mil años

Hay cosas que la memoria
Tarda en albergar mil años
Un sueño puede tardar mil años en reconocerse

El poema tiene su tiempo
Tiempo de la órbita de los planetas
Tiempo para nacer
Tiempo para encontrarse

El poema tiene su tiempo
Tiempo de la creación de galaxias
Tiempo de las estaciones
Tiempo de un día

Y el tiempo se reconoce
Cuando la memoria lo alberga

El poema tiene su tiempo
Tiempo de recordar un viaje
Tiempo de una solución
Tiempo de los sueños

El poema tiene su tiempo
Tiempo de observar la naturaleza
Tiempo de la ciencia
Tiempo de la memoria

El poema es memoria
El poema es luz
El poema es la memoria de la luz
La memoria de la luz es toda la creación
Y el Sol
El Sol nos da el tiempo

El poema tiene su tiempo
Tiempo de la historia
Tiempo de reconocer
Tiempo de darse cuenta

El poema tiene su tiempo
Tiempo de la pregunta
Tiempo de la filosofía
Tiempo del conocimiento

El poema tiene su tiempo
Tiempo de la naturaleza
Tiempo de compartir

El poema tiene su tiempo
Tiempo del mar
Tiempo de la montaña

El poema tiene su tiempo
Tiempo de la memoria

El poema tiene su reloj
¡Que es todo el universo!

EL POEMA DEL ÁRBOL

Los árboles son antenas que señalan hacia el cielo
Quien diseñó todo en la naturaleza también diseñó el árbol
Y lo vistió con vestidos maravillosos, con formas exactas

Los árboles forman los bosques y la selva que está llena de vida
Y son la casa de muchos animales

Los árboles llenaban casi toda la Tierra
Los árboles frutales nos dan fruto

Árbol, precioso que das cobijo
Árbol de la alameda
Árbol que nutres la tierra

Árbol de la montaña
Árbol de los valles
Árbol del río

Árbol de la altura
Árbol del cielo
Árbol de la Vida

Árbol de los parques
Árbol de la ciencia
Árbol que guardas el manantial

Árbol de exacta simetría
Árbol vivo
Árbol siempre alerta para dar Tus frutos

Árbol magnífico que nos recuerdas la vida
Árbol precioso de la profundidad del bosque
Das oxígeno a la atmósfera
Nos das el aire que respiramos

En el aire hay partículas de sucesos prehistóricos
Podemos respirar átomos que estaban presente
En el aire de hace más de un millón de años
¡En la resina de un árbol han encontrado un mosquito del cretácico!
Árbol que fuiste testigo desde entonces
Y antes de ese entonces

Árbol que nos das certeza
Árbol que nos das abrigo
Árbol del amanecer

Árbol, que necesitas que los seres humanos conserven tus bosques
Y respeten tu hábitat

Árbol de musgo verde de verdad

Árbol que nos das alimento y curas con tus hojas y frutos
Árbol que las abejas visitan para hacer la miel
Árbol de la historia

Árbol que eres la casa de los pájaros que cantan, eres el nido
Desde ti escuchamos su trino
Árbol majestuoso

Árbol que dejas pasar el esplendor del Sol entre tus ramas
Tu sabia llega hasta tus hojas y tallos
Nutres tus frutos
Árbol nutritivo

Árbol de la ladera
Árbol del acantilado
Árbol de loma

Árbol de la mañana

Árbol del manglar
Árbol de la Amazonía
Árbol de las islas

Árbol cósmico del tiempo
Árbol de estrellas
Árbol con raíces en la galaxia

Árbol que exhalas Poesía
Y llenas de Poesía el aire del poema
Aire que llega a las rimas

Árbol que nos muestras el paso del tiempo
¡Estás lleno de tiempo!
Tiempo para el poema
Poema del árbol
Árbol del Sol

POEMA DEL DESPERTAR

El poema es un darse cuenta
El poema es una alarma
El poema es ver el reloj de la naturaleza
La sincronía del vuelo de las aves

El poema es el Sol que nos dora
El poema es un resurgir de la memoria
El poema es un paseo por el bosque
El poema es un presente lumínico

El poema es un repicar de campanas
El poema es bañarse en el río
El poema es cantar todo el día
El poema es bailar sin cesar

El poema es descubrir un lugar para el recuerdo
La Tierra entera es un lugar para el recuerdo
El poema es la cadencia del Astro Lleno
El poema es vivir la Primavera
El poema es la palabra veloz que recupera el tiempo

El poema es ver la calle llena de gente
El poema es leer el poema en el parque
El poema es leer el poema al árbol
El poema es ver el relámpago
Mientras repites la palabra milagro

El poema son las notas de los instrumentos de música
Que nos llenan de vibraciones y sonidos agradables

El poema es recordar la palabra
El poema es escuchar la naturaleza
El poema es mirar al cielo
El poema es recordar llenos de memoria

EL POEMA DEL AVIÓN

Siempre quise ser piloto de avión
Llevar a destino cierto a los pasajeros
Llevarlos a la ciudad verdadera
Al paraíso de islas preciosas
¡Una isla es un paraíso rodeado de mar!

Los aviones son lugares únicos
Vuelan por encima de las nubes
En ellos se produce un contacto con el cielo
El cielo espera a los pasajeros

Los aviones no debieran contaminar tanto
Pero acercan a los enamorados que se encuentran lejos
Los aviones vuelan por toda la Tierra
Unen todo el mundo

Siempre quise ser piloto de avión
Para leer un poema en vuelo a los pasajeros
Y que recordaran así la esencia del vuelo
El vuelo que reconoce la vida

Me gustan los aviones porque me recuerdan a los pájaros
Que vuelan por el cielo
Las azafatas están siempre de buen humor y alerta
Al deseo de los pasajeros
El pasajero sólo tiene que tocar el botón
Y aparece una azafata a su lado

Los aviones son muy eficaces
Casi no sufren retrasos de tiempo
A veces van más rápido
Y llegan antes de la hora prevista a su destino

Los aviones tienen siempre música
Puedes escuchar canciones y mirar por la ventana las nubes
Los mares y la Tierra desde el cielo

Siempre quise ser piloto de avión
Para llevar a los pasajeros a su destino
Como el poema nos lleva a la Poesía

EL POEMA DE LAS PALABRAS

Las palabras son ungüento
Las palabras son metafísica
Las palabras son vehículos de luz
Que nos traen su significado

Las palabras son el Verbo
Y el Verbo es la Vida
Palabras que todo lo designan
Hay palabras nuevas
Que nombran nuevos descubrimientos
Y las nuevas palabras aparecen en los diccionarios
Para aumentar el río del lenguaje

Las palabras son audaces
Las palabras se transforman con el tiempo
Las palabras son preclaras
Las palabras están llenas de historia
Y se puede indagar en ellas por su etimología
Como si fueran piezas de arqueología

Las palabras son dadoras del lenguaje y la comunicación
Las palabras descifran la realidad del mundo y de los sueños
Las palabras revelan la realidad
En las palabras se dibuja un triángulo semiótico
Significado, significante y referente

Las palabras explican el pasado
Las palabras se adelantan al futuro
Van más allá del tiempo
Las palabras son el conocimiento
Siempre vivo

Las palabras son únicas
Limpias, fijas y llenas de esplendor
Las palabras florecen en los poemas
Las palabras iluminan la Poesía

Las palabras son buenas consejeras
Por mucho tiempo no cambian su significado
Las palabras son congruentes
Significan lo que significan

Las palabras llenan de luz el significado
Con las palabras explicamos la vida

LA ESPONTANEIDAD

La espontaneidad es necesaria
Para acordarnos del juego de los niños
La espontaneidad en el lenguaje a veces nos sorprende
La flor se abre premeditadamente
Pero hay algo espontáneo en su aparecer

El universo es como esa flor que se abre
Responde a la Palabra de su Creador
Pero es espontáneo de alguna manera
El poema es premeditado y espontáneo como el universo
La risa es espontánea y el humor premeditado
Despertar es ser espontáneos cuando nadie nos mira
Cuando llegamos espontáneamente al bosque,
      [el bosque es espontáneo
Con espontaneidad damos la bienvenida al tiempo
Y el tiempo nos saluda espontáneo
¡Fluir en la fuente del universo!

La espontaneidad nos conecta al presente
Hay algo espontáneo en el viento
Que transporta el polen de los árboles
Hay algo espontáneo en las olas
Que el viento le da formas diferentes
Hay una belleza espontánea en los atardeceres y amaneceres
Cuando en el cielo aparecen colores únicos
Hay una espontaneidad en la forma de las nubes
En cómo se dispersan cuando tocan tierra firme
Hay una espontaneidad en la mirada
Cuando recordamos el presente
Hay espontaneidad en los dibujos
     [que hacen los peces cuando nadan
Cuando ríen y juegan los delfines en el mar
Hay espontaneidad en la lluvia
Hay espontaneidad cuando miramos desde el poema

CUANDO RECUERDAS EL RECUERDO

Cuando recuerdas el recuerdo, el recuerdo se acuerda de ti
Y cuando el recuerdo es vívido nos recuerda el presente
Cuando recordamos el poema habitamos en él

Recordamos la semilla que contiene memoria de su especie
Recordamos la sal que tiene memoria del mar
Recordamos la lluvia que tiene memoria de las nubes
Recordamos las nubes que tienen memoria del mar

Cuando recuerdas el recuerdo que palpita
El lirio está más presente
La memoria se expande

Recordamos las estrellas que nos recuerdan su origen
Su situación en el espacio
Recordamos las galaxias que nos recuerdan el universo
Que tienen información del universo cuando recordamos
Recordamos la memoria que nos es accesible
El olor de la flor que se mezcla con el cielo

Recordamos cuando recordamos los sueños
Recordamos con el poema
Recordamos con el árbol
Recordamos cuando recordamos la Tierra

Recordamos con los sonidos de la naturaleza

Los animales tienen memoria
Los insectos tienen memoria
Los vegetales tienen memoria
La Tierra tiene memoria

Los minerales y las rocas tienen memoria
El agua tiene memoria
El cielo tiene memoria
La vida tiene memoria
Memoria de la Vida

EL POEMA DEL CHIP

Porque el chip ha llegado a ser como una hormiga
Yo quiero hablar del chip
Porque el chip ha llegado a ser como una oruga
Yo quiero hablar del chip
Porque el chip ha llegado a ser como una mariposa
Yo quiero hablar del chip
Porque en el chip se puede grabar un poema
Yo quiero hablar del chip

LA CESTA DE MIMBRE

La cesta de mimbre está sobre la mesa
La cesta de mimbre está llena de fruta
La cesta de mimbre está hecha a mano
La cesta de mimbre tiene olor a mimbre

Cuando se trenza el mimbre
Se parece a la historia de un poema
El mimbre son los versos
Y la cesta el poema
Que viene cargado de fruta
La fruta del poema son las metáforas
El árbol transforma la luz y el aire en sabia
Que produce los frutos

Los frutos de la cesta de mimbre están sobre la mesa
La cesta de mimbre recuerda a la historia del poema

EL POEMA DE LAS MEDIDAS

Si tuviéramos que llegar a nosotros
¿Qué tránsito elegiríamos?
Las calles de la ciudad de día te saludan
Y los esplendorosos adoquines brillan como el oro
Las fuentes tienen secretos
Imágenes de las ideas de un periodo de la historia
Que te trasladan a otro tiempo

Las estatuas de las ciudades
Te esperan en las plazas y parques
La tarde ingrávida recorre las terrazas
Pudieras encontrarte leyendo un poema
Y que ese poema te mostrara la vereda

¿Cuál es la distancia del aliento?
¿A qué distancia está el recuerdo?
¿A qué distancia la melodía?
¿A qué distancia el lenguaje que te arropa?
¿A qué distancia la imagen que se despliega?
Hacia otras calles, otras terrazas, otras plazas
¿A qué distancia el significado que redobla?
¿A qué distancia los símbolos que son encontrados?
¿A qué distancia el segundo que se expande?

¿Cuál es la distancia de la sonrisa de los niños?
¿A qué distancia el darse cuenta?
¿A qué distancia el acontecer?
¿A qué distancia el ritmo?

Si tuviéramos que llegar a nosotros
¿Qué lugar elegiríamos?
¿Qué escalinata, qué portal?
¿Qué jardín, qué rótulo?
¿Qué partícula del poema
Que vuela hacia todas partes?

SER EN LA PALABRA LUMÍNICA

Volver de la suma
Volver de la resta
Volver de dos tiempos
Volver de nuestro sistema solar
Que me recuerda a las canicas

Volver del compás
Volver del baile
Volver de la estación invernal
Para encontrarnos con la primavera

Volver de los espejos
Ser en la Palabra lumínica
Volver de los cometas adentrándose en la atmósfera
Volver de la estampa diurna
Volver del atardecer
Con los lazos del Astro Naranja en cada mano

Volver de la cuidad
Volver de las circunstancias
Volver de la sincronía
Volver de la hora en punto

Dilucidar

Volver de Volver
Volver del estado sincopado
Volver del dodecaedro
Volver del cuadro
Volver del espacio

Ser en la Palabra lumínica

POEMA DEL HORIZONTE

¿Qué barcos vendrán del horizonte?
¿Qué aportarán a nuestro despertar?
¿Qué poemas traerán esos barcos?
¿Qué versos nos visitarán?

El horizonte es amplio
Lo cubre todo el inmenso mar

Este tiempo no está velado
Por eso las mariposas blancas
Aparecen en primavera hasta el verano
Por eso esperamos que la Poesía
Nos llene de luz y de tiempo

Del horizonte vienen muchos barcos
Llenos de palabras-luciérnagas
Del horizonte anhelamos nuestro presente
Y nuestro futuro

El horizonte es nuestro porvenir
¡Soñamos con el bien venidero!

EL POEMA QUIERE SER
UNA HABITACIÓN DIÁFANA

El poema quiere ser una habitación diáfana
Donde gusanos de luz se conviertan en mariposa
Los grillos cantan su tonada de despertar de ensueño
Las ranas croan porque en la misma habitación hay una charca

El poema quiere ser unos brazos abiertos
Captar todas las manifestaciones espontáneas
Escribir cartas a los enamorados
Recibir a los viajeros tras un largo viaje

El poema quiere ser una iniciativa
Servir de diálogo para los círculos de paz
Quiere ser una alarma para no hundir petroleros en alta mar
Ser un manuscrito anti-contaminación

El poema quiere ser un suspiro
Que recobra la información de luz de nuestro aliento
Que recibe a la Poesía
¡El poema no quiere dejar de estar vivo!

EL POEMA QUISO SER COMO LAS SEÑALES DE HUMO

Como la vibración del sonido en las vías del tren
Quiso ser enviado por señales de morse
Quiso acompañar al cactus en el desierto
Ser como el viento que se arremolina

El poema quiso ser como la respuesta esperada de una carta
Quiso reflejarse en el poniente
Resonar en la vibración del banjo
Relampaguear en el horizonte

El poema quiso ser como el haluro de plata
Del revelado de la fotografía
Como la melodía de la música de salón
Como el resplandor de la llama de la lámpara

El poema quiso ser como el aire en la amplia llanura
En un día de verano
Como el río que transforma el paisaje

EN EL DÍA NUEVO

En el día nuevo
La pared se pinta de blanco
Y una mariposa color lapislázuli
Vuela cerca

En el día nuevo
Bandadas de pájaros proyectan juntos dibujos en el cielo

En el día nuevo
Todos las noticias hablan de Poesía

En el día nuevo
Las especies protegidas de animales se recuperan

En el día nuevo
Se protege la selva amazónica
Y se replantan miles de hectáreas de bosque

En el día nuevo
Se firman todos los acuerdos
Para cumplir con las cumbres anti-contaminación

En el día nuevo
Se celebra la paz entre los pueblos de la Tierra

En el día nuevo
Hay un nuevo sueño
Para todos los que sueñan y los que se despiertan

En el día nuevo
Todo el firmamento nos es cercano

VIAJAR

Viajar es atestiguar la holgura de los tiempos
Es observar cómo se transforma el espacio
Cuando viajamos nos despedimos de nosotros mismos
Y nos damos la bienvenida en otro lugar

Viajar es encontrarnos con territorios que nos esperan
Sentir el devenir de esos espacios visitados
Recordar en nosotros la historia
De las preciosas ciudades
Que nos entonan sus versos
Testigos de otro tiempo
Que nos habla ahora

Cuando viajamos los países
Son como como una idea nueva
Que tiene su propio lenguaje
Cuando viajamos el tiempo se nos hace presente
Y un nuevo reloj se ajusta
Que es como un verso

Cuando viajamos
Recordamos la música de cada lugar
Viajar es una oportunidad
De encontrarnos con una nueva realidad

Viajar es soñar
Y comprobar que el destino visitado
Es como nuestro sueño

LLAMAMOS A LA POESÍA

Si los satélites escudriñan la Tierra
Llamamos a la Poesía
Si las noticias se repiten sin solución
Llamamos a la Poesía
Si no hay canciones nuevas en la radio
Llamamos a la Poesía
Si queremos formular nuevas preguntas a la ciencia
Llamamos a la Poesía
Cuando recordamos la imagen en su triángulo perfecto
Llamamos a la Poesía
Cuando tenemos tiempo para recordar
Llamamos a la Poesía
Cuando soñamos y nos encontramos con los versos del sueño
Llamamos a la Poesía

Hoy y siempre
¡Llamamos a la Poesía!

LAS HORMIGAS

Las hormigas tienen un hormiguero
Que es como el cráter de un volcán
Ellas salen como la lava hacia todas partes
Son como versos voluntariosos
Las hormigas se comunican con sus antenas a distancia
Hacen filas para llevar pedacitos de comida al hormiguero
Son incansables y ordenadas
Son como estrofas laboriosas
Las hormigas resisten las inclemencias meteorológicas
Y aparecen cuando llega el nuevo día

CRISTALES DE NIEVE Y HIELO

En los cristales de nieve y hielo
Se forman dibujos
Que son símbolos que ahondan
En el significado del hielo
Tan perfectos que nos recuerdan
Su exacta geometría
Recuerdo de la estrella

LOS OSOS POLARES CAMINAN
SOBRE EL ICEBERG

Los osos polares caminan sobre el iceberg
Las abejas polinizan las flores
Y en el panal hay miel de mil flores
Los osos polares nadan por el agua helada
Las abejas polinizan los árboles
En el panal hay miel de eucalipto
Los osos polares caminan sobre el iceberg

FAMARA

Que tus aguas estén limpias
Que no te contaminen con químicos
Que manchen tu faz con lodos verdes

Que tu arena esté siempre limpia
Y te sepan mirar
Que controlen e impidan que los residuos tóxicos
Se viertan en el mar

LA JIRAFA Y EL POEMA

La jirafa soñó que podía comer frutos más altos del árbol
La jirafa pudo un día comer frutos más altos
Porque su cuello se había alargado

El poema soñó que podía mostrar imágenes más altas
Y un día señaló el Sol

Oh Sol, que extiendes tu rúbrica solar por todas las cosas
¡El poema sueña contigo!

LAS PALMERAS

Las palmeras son altas
Y dan dátiles dulces y sabrosos
Tienen raíces largas que buscan agua
Como los versos del poema

Las palmeras aparecen en los oasis del desierto
En los lugares áridos nos recuerdan la humedad de la tierra
Como el poema que aparece cuando la tierra es fértil y húmeda

LLENEMOS DE VEGETACIÓN EL POEMA

La vegetación en nuestros sueños
Expresa un recuerdo ancestral

La vegetación abundante de la selva
Está llena de una comprensión profunda

La vegetación es tan intrincada
¡Hay tantos seres vegetales
Que componen la memoria natural!
Que cuando soñamos con vegetación
Esas plantas ¡Todas juntas!
Aumentan desde el sueño
El recuerdo de nosotros mismos

Soñar con vegetación es visitar la selva
Cuando el poema es frondoso
Está lleno de recuerdos naturales
La vegetación nos trae un recuerdo profundo
Que el poema celebra
¡Llenemos de vegetación el poema!

ASCENSORES CON POESÍA

Si hay un edifico muy alto en un sueño
Y tiene ascensores para subir
Y hay un poema que se recita al subir
Al llegar arriba
Cada uno que sube escucha el poema
También hay poemas que se recitan al bajar
Y cuando baja cada uno escucha el poema
¡Son ascensores con Poesía
Que ocurren desde el sueño!
¡El sueño está lleno de Poesía!

EL POEMA VIENE DEL CIELO

El cielo no deja de mostrar estampas inolvidables
Amaneceres con colores y formas nuevas
Nuevos teoremas de luz y nubes

El cielo no deja de mostrar una vestimenta nueva
¿Qué Diseñador concibió tan inmensos trajes?
Cada uno original y nuevo

Cada día tenemos la oportunidad de contemplar el cielo
De ver su creatividad infinita
Sus finísimas mezclas de luz, sus preciosos bordados

El poema viene del cielo y quiere recordar el cielo
Advertir con su forma nueva su procedencia
Llena de memoria nueva

El poema viene del cielo
En el ser recuerda y desde él se expresa
En el cielo el poema se acuerda de sí

LOS JARDINES DE LA POESÍA

Los jardines de las ciudades
Están llenos de poesía
Quien los hizo se acordó de llenarlos de detalles poéticos
En la arquitectura de los jardines aflora la geometría
Como flores del poema del jardín
Llenas de las imágenes del poema

Los jardines incluyen y celebran la naturaleza
Inspiran a los enamorados
Y llenan de poesía las ciudades

Los jardines tienen el encanto de sus estatuas
Los jardines están llenos de Poesía

EL POEMA CLARO

El poema claro
El poema solar
El poema límpido
El poema de luz

Palabras de la memoria del Sol

Trae el poema claro
Ponlo bajo el microscopio
Trae el poema solar
Recuerda el tiempo del Sol
Trae el poema límpido
Tan limpio como la luz pura
Trae el poema de luz
Para ver las palabras

Palabras de la memoria del Sol

ALIMENTO DEL POEMA

El alimento del poema es la brisa del mar
El alimento del poema es la fosa abisal
El alimento del poema es la espuma de las olas
El alimento del poema son las olas

El alimento del poema es el descubrimiento científico
El alimento del poema son los teoremas matemáticos
El alimento del poema son los números
El alimento del poema son las teorías de la física

El alimento del poema es la sonrisa de las ballenas
El alimento del poema es el batir de las alas de la mariposa
El alimento del poema es el sueño del oso apacible junto al río
El alimento del poema es el recuerdo de los elefantes

El alimento del poema son las distancias astrofísicas
El alimento del poema son los púlsares, cuásares y estrellas
El alimento del poema son las constelaciones y galaxias
El alimento del poema es el Astro Naranja

El alimento del poema es la alegría de los niños
El alimento del poema es el darse cuenta
El alimento del poema son los besos de los enamorados
El alimento del poema es lo incandescente en el aire

El alimento del poema son las metáforas
El registro inefable de los poetas
La filosofía y la psicología
El sueño del poema venidero

El alimento del poema vivifica y reverbera en todas las cosas
Todas las cosas forman parte del poema
La creación es el alimento del poema
¡La Creación es el poema!

SI EL POEMA FUERA UN CUADRO

Si el poema fuera un cuadro
Sería simbolismo onírico
Los números aparecerían dándose la mano
Las notas musicales serían el recurso de la pintura
Si el poema fuera una cuadro
Aparecerían palomas mensajeras
Volando bajo las estrellas
Si el poema fuera un cuadro
Aparecería una charca con ranas croando
Si el poema fuera un cuadro
Habría palabras pintadas con oro
Como si fueran el mapa del cuadro
Si el poema fuera un cuadro
Habría delfines riendo
Saltando en el mar
Si el poema fuera un cuadro
Recordaría a un poema
Donde aparecieran en sueños
El universo y la naturaleza

LA TIERRA NO CAMBIA SU VELOCIDAD
DE ROTACIÓN

La Tierra no cambia su velocidad de rotación
El reloj natural de la Tierra girando no tiene desfases
  [(ni en nanosegundos)
¿Cuántas órbitas de planetas se describen perfectas
  [en cuántos soles?
¿Cuántas galaxias giran en torno a otras?
¿Cuántas expresiones de energía hay en el cosmos?
¿Cuántos seres celestes describen la elipse en torno a su estrella?
El tiempo tiene una exactitud matemática en el universo
Las medidas, las distancias
Todo en el universo se relaciona física y temporalmente
El poema también responde a un tiempo exacto
El tiempo del fulgurar de la imagen
En su elipse en torno a la memoria

LA ARQUEOLOGÍA EN EL POEMA

¿Qué hallazgos arqueológicos podrán encontrarse
    [en el poema?
¿Qué civilizaciones surgirán de su sustrato etimológico?
¿Qué sueños brotarán de la profundidad de la memoria?
¿Qué lagos de agua dulce esconderán ciudades?

El poema apartará el lodo para traer la pepita de oro
Que reluce en el significado de las imágenes
El poema estudiará la simbología de los sueños
Para traducir los símbolos oníricos en palabras

El poema investigará los jeroglíficos de los sueños
Para hacerlos comprensibles al lenguaje
El poema estudiará los resultados de dichos hallazgos
¡Cada objeto es un tesoro para el poema!

La arqueología del poema muestra sueños de siglos pasados
Que ahora recobran un prisma renovado
En la revisión, fulgor del poema
¡Un mensaje en el tiempo que aparece hoy!

EL AGUA DEL ESTANQUE

En el agua puede verse el reflejo de los árboles
Y puede verse el fondo del estanque
Pueden verse las hojas e insectos que flotan en el agua
Y las ondas que se producen sobre el agua
Que se reflejan en el fondo
La luz del Sol se refleja en la superficie
También se ve cómo ilumina el agua
Llega hasta el mismo fondo
Las palabras son como el agua del estanque
Que tienen capas que iluminan y se reflejan entre sí
Resultado de la sinergia de la luz
En la memoria de las imágenes

LOS AVIONES VAN A TODAS PARTES

Los aviones van a todas partes
El aeropuerto respira el aire de muchos destinos
La congruencia cosmopolita de muchas ciudades
Aparece en la luz natural del aeropuerto

Los aviones van a todas partes
¡Qué lugar te espera para descubrir sus formas únicas!
¡Qué colores inesperados encontrarías!
¡Qué trasiego en avenidas sin iguales!

Los aviones van a todas partes
Pueden atravesar el mar y llevarte a otros continentes
A inmensas tierras y altas cordilleras
A barrios de luz en grandísimas urbes

Los aviones van a todas partes
Nos recuerdan en vuelo a dónde vamos
Podemos mientras volamos soñar con un nuevo lugar
Y despertar en él cuando llegamos

SI LA PRIMERA PALABRA FUERA POESÍA

Si la primera palabra que dijeron los seres humanos fuera fuego
Si la primera palabra que dijeran los seres humanos fuera casa
Si la primera palabra que dijeran los seres humanos fuera saludo
Si la primera palabra que dijeran los seres humanos fuera alimento
Si la primera palabra que dijeran los seres humanos fuera cisne

¿Y si la primera palabra hubiera sido poesía?
Porque los seres humanos habían soñado con la Poesía
Y escribían poemas antes de decir la primera palabra

LA SAL

La sal en la cocina tiene labor
Se utiliza en muchos platos

El Sol en las salinas
Ha evaporado el agua de mar
Que se ha convertido en sal

La sal también llega al poema
El poema también comparte el mar
Como la sal

UNA CIUDAD PODRÍA REVELARTE

Una ciudad podría revelarte
Un río podría acompañarte
Un rascacielos podría contenerte
Un parque calmarte

Y si pudieras revelar la ciudad
Acompañar al río
Contener el rascacielos
Y calmar el parque
¿Qué dirías?

LAS COORDENADAS MULTITÍMBRICAS
DE LA FM

Llegan al cielo polar
¿Cuántas estrellas fugaces?
¿Cuántas novelas hablan de aquel verano?
Los enamorados de la lluvia torrencial
Los enamorados del Sol
Los enamorados del diluvio
Los enamorados del viento en calma, solaz
¿Cuántas veces los visitaste?
¿Cuántos glaciales?
Los enamorados vienen desde el cielo polar

DE VACAS Y RANAS

Las vacas pastan en el inmenso prado verde
Y dan leche que es como el Sol
Las ranas perciben el equilibrio de la charca
Las ranas son sensibles al equilibrio de la charca
Las ranas demuestran el equilibrio de la charca
Y con sus cánticos recuerdan ese equilibrio
Las ranas son verdes como la verdad
Que viene del mismo Sol

Una rana respira y en su piel se reflejan las luciérnagas
Que tienen luz como el Sol
Las vacas bajo el Sol pastan en el verde prado
Tan pacíficas como la hierva verde

Pacífica mantequilla que vienes de la luz
Y de la pacífica vaca
Esencia de la charca, la rana
Que respira el aire lleno de luz

La rana dispensa su croar
La vaca pasta en el prado

TRAE EL POEMA NUEVO

Recuerdo el día nuevo vestido de un poema
El poema brotó del sueño
Que tenía raíces grandes como un árbol alto
Y las varias ramas del árbol
Llegaban a toda la Tierra

Y desde el árbol podía comunicar con toda la Tierra
Y saber de toda la Tierra
Sus flores me hablaban de los sueños de los seres humanos
De los frutos del mañana
¡Cómo se esparcirán por la Tierra
Rebotando en los tejados!

Dame Tú el poema del nuevo día
Dime, ¿Qué has soñado?
Pasajero de todos los tiempos
¿Cómo has honrado la Casa?
La casa de toda la Tierra

Dime Tú el poema del día nuevo
Abraza el Sol desde Tu sueño
Retorna de las estrellas
Para que lleguen a Tu día

Dame Tú, Pasajero, el poema de este día

Cancionero del sueño
Surtidor de los recuerdos
Reconocedor del tintineo
¿Cómo has limpiado la casa de toda la Tierra?

Dame Tú el poema, tráelo desde Tu sueño
Llévalo a las hojas del árbol de mi sueño
Compártelo conmigo

Cada uno en cada tejado de toda la Tierra
Traigamos el poema del día nuevo
Hagamos el poema venidero
Desde el árbol del sueño

MI VEHÍCULO DE LUZ
(MI COCHE ES LA POESÍA)

Yo tengo un vehículo de luz
Mi vehículo de luz es la Poesía

Las palabras me dicen a dónde voy
Y me dicen cómo es mi viaje

Yo veo el poema en todas las cosas
En los tejados de cada casa
En cada casa
Cuando veo el poema veo cómo son las cosas

Cuando voy a las ciudades en mi vehículo de luz
Las ciudades me recuerdan el poema
Y me recuerdan su historia
Con versos de oro

¡He ido a todas partes con mi vehículo de luz!
El desierto tenía granos de arena en sus dunas
Que eran de oro y soñaban Poesía
El desierto me recordó el poema
¡Cómo el tiempo lo había transformado!

Y con mi vehículo de luz me adentré en el hielo
El hielo reflejó su cántico de agua
El agua primera, efluvio primero de la Poesía
El agua trajo el tiempo y el poema
La luz entró en el hielo que era Poesía
Y entró así la poesía en la Poesía
¡Tal es mi vehículo de luz!

Con mi vehículo de luz viajé al firmamento
Donde el poema universal se expresa
Está lleno de los poemas de luz de las estrellas
En cada luz única viajó el poema celeste
Su verdad magnífica llevando el tiempo
El tiempo de su luz en el firmamento

Con mi vehículo de luz conocí el poema de la Tierra
Con los versos de sus ríos, de sus valles
De sus montañas, de sus mares, de sus lagos
El poema de su atmósfera llena de luz
El poema de sus continentes dorados

Con mi vehículo de luz leí el poema del Sol
Cómo se lo dedicaba a todos los planetas
¡Con sus versos ilumina toda la Tierra!
¡Ese es su poema de luz!

EL DESEO ES QUE UN VERSO TE DESPIERTE

El deseo es que un verso te despierte
El deseo es como la cima clara y el valle tranquilo
El deseo es el poema brillante que nos alumbra
El deseo es leer el poema y viajar en la luz

El deseo es la ciudad
Cuando la imagen está viva
Cuando el poema es escrito

El deseo nos llama a nacer en la Poesía
Antes de nacer fuimos un poema
Al nacer somos Poesía viva

¡Poesía viva somos!
Que cuando se encuentra con un poema se enamora
Y entiende la letra, Logos llameante
Amada de todas las amadas
Amado único del verso
¡Poesía viva somos!

El deseo es encontrarte en todos los lugares transitados
En cada una de las estaciones
El deseo es contenerte en el poema
Y desde el poema ver el vuelo de las aves

El deseo es darle al poema el deseo
Para que el poema te lo dé
Como luz de la Poesía

¡Poesía viva somos!
¡Luz de la Poesía!

El deseo es conocer el deseo de la Poesía
Sus cantos dulces, sus cascadas de luz
Su melodía suave

El deseo es encontrar el campo lleno de flores
Las flores de la Poesía
Con los versos de su olor
Recordando la Poesía viva
Flores que al anochecer recogen los versos de las estrellas

El deseo es recordar el mensaje de la Poesía
Poesía viva que recuerda la poesía somos
¡Cuando la recuerda es como el astro fulgurante
        [que nos ilumina!

El deseo es reconocer nuestra luz en la Poesía
¡Poesía viva somos!, ¡Luz de la Poesía!
Poesía viva somos que vamos en poesía hacia la Poesía
¡El deseo es conocerte como a la Poesía!

¿POR QUÉ EL POETA MIRA COMO SI TUVIERA UNA PALETA DE SUEÑOS?

¿Por qué el poeta mira como si tuviera una paleta de sueños
Como si pintara con sueños el acontecer?
El acontecer mismo es sueño
Él observa despierto en el sueño
Y nos recuerda hacia dónde vamos
Nos recuerda qué refulgir tienen las palabras
     [de este tiempo que acontece
Nos dice qué parte de los sueños necesitamos recordar
Como un niño que toca la verdad y la hace nueva
El poeta nos señala el lugar donde habitamos el recuerdo
Nos recita la memoria del futuro
El poeta nos alienta con el tiempo venidero
El poeta nos recuerda cómo soñamos y cómo despertamos
El poeta mira todo lo que queda por hacer
Y lee el poema en los sueños para que lleguen hasta hoy

¿Cómo recuerda el poeta la esencia de las cosas?
Para que llegues a tiempo a cruzar el umbral de la vida
Y lo traigas hasta el presente y seas en el sueño de un niño
El poeta mira como si tuviera la paleta de un cuadro
Con ella une mensajes que explican un descubrimiento
Que nos hace recordar la esencia
Esencia de todos los sueños
¡El poeta nos lleva al Paraíso!

¿Qué paraíso es la Tierra?
El poeta hizo de la Tierra el Paraíso
Y nos dijo cuál era su puerta y nos mostró cómo pasar
Con las palabras de oro del Paraíso
Nos invitó a pasar

¡Muéstranos, muéstranos poeta
Las puertas del Paraíso!
¡Que es nuestra casa la Tierra!
¡Que es nuestra casa la Tierra!
Y en el Paraíso vivimos cuando encontramos el Paraíso
El Paraíso que nos mostró el poeta

El poeta indaga con el lenguaje del corazón
Con la presencia de los sueños
La realidad de la Tierra
Y nombra todas las cosas
Para recordar lo primordial
Recordando las palabras, explicándolas
Trae el poeta los sueños

El poeta llamó a las matemáticas para mostrarte
    [el número infinito
Nombró las estrellas para que las recordaras
Y nos invitó a la fiesta del tiempo

¡Poeta, poeta recuérdanos la verdad
Para que veamos los sueños
Y entremos en el Paraíso!

¡Observamos serenos esperando al poeta!
El poeta mira las cosas con un nuevo léxico
Nos muestra una nueva distancia entre las cosas
        [con un nuevo vocabulario
Para mostramos más cerca la llama

¡Poeta, poeta, recuérdanos la verdad
Para que veamos los sueños
Y entramos en el Paraíso!

LA TIERRA NO NECESITA DOS SOLES

Sol verdadero, Sol eterno, Sol único
Sol de la verdad, oro del cielo
Sol nuestro, Sol de cada día
Sol de todas las estaciones
¡Llenas de luz la Tierra!
Sol de la Vida

Sol antediluviano, Sol prehistórico
Sol de toda la historia
¡Llenas la Tierra de luz!

Sol del amanecer, Sol de todos los amaneceres
Sol de la puesta de Sol
Sol del medio día
¡Llenas con tu luz la Tierra!

Sol del Despertar
Sol de los sueños
Sol de nuestros días
¡Llenas la Tierra de luz!

Lucero de los tiempos
Yema infinita, Amarillo infinito
Fuente de luz
¡La Tierra de luz llenas!
Sol de la Poesía

EL UNIVERSO ES UN RELOJ

El universo es un reloj con muchos relojes
¡Y todos van a tiempo!
¡La luz de los soles llenan las galaxias!

El universo es un niño que juega a hacer y deshacer
Galaxias enteras

El universo es una canción
Donde bailan lunas y planetas
Como notas en un pentagrama elíptico
En la espiral partitura
¡Las galaxias son un coro milenario!

El universo es un bailarín
Que también gira
Con una gran falda
Donde se encuentran las constelaciones y galaxias

Los constructores del firmamento
Supervisan la Creación

El universo es un reloj
Que nos muestra su pulso

MI POEMA ES RESPIRAR

Mi poema es respirar
Favorecer el aliento
Mi poema es respirar
Bombear el aire hacia todas partes
Mi poema es respirar
Inhalar y exhalar
Hasta ver el poema

En el poema respiro
Mi poema es respirar

Mi poema es respirar
Resurgir del aire
Mi poema es respirar
Dejar que el oxígeno sea
Mi poema es respirar
Permitir que las palabras
Aparezcan como flores en el campo
Mi poema es respirar
Seguir con los demás seres
La respiración de la Tierra

Mi poema es respirar
Constatar el ritmo de la luz en la presencia
Mi poema es respirar
Fluir en la cadencia de los versos
Mi poema es respirar
Respirar Poesía

ÍNDICE

ESTA
PRIMERA
EDICIÓN DE
EL POEMA ES EL MAR,
DE FELIX VIÑAS ROBAYNA, HA
SIDO IMPRESA CON PAPEL AHUESA-
DO, DE 80 GRAMOS. SE HA UTILIZA-
DO LA TIPOGRAFÍA GARAMOND PRO.
SE TERMINÓ DE IMPRIMIR EN RE-
PROGRÁFICAS MALPE, EN GETAFE
(MADRID), EN EL MES DE MAYO
DEL AÑO 2024.